本頁：R・シュタイナー画『月の出』
パステル，1922 年，29.5×21 cm
前頁：R・シュタイナー画『新しい生命』(母と子)
水彩，1924 年，66.5×100 cm

ちくま文庫

魂のこよみ

ルドルフ・シュタイナー
高橋 巖 訳

筑摩書房

第１次ゲーテアヌム（ドルナハ／スイス）遠望
（設計：R. シュタイナー／1913 年起工，1919 年竣工，1922 年焼失）

・本書は、1985年7月28日刊行されたイザラ書房版を全面的に訳し直し、併せて、シュタイナー自身の講演集より関連する部分を「四季とその祭り」と題して、新たに収録したものである。
・本文中の挿絵・カットは、すべてシュタイナー自身により描かれたものである。(筑摩書房刊『ルドルフ・シュタイナーの100冊のノート』所収)

目次

ルドルフ・シュタイナー
1915年

魂のこよみ

Anthroposophischer Seelenkalender

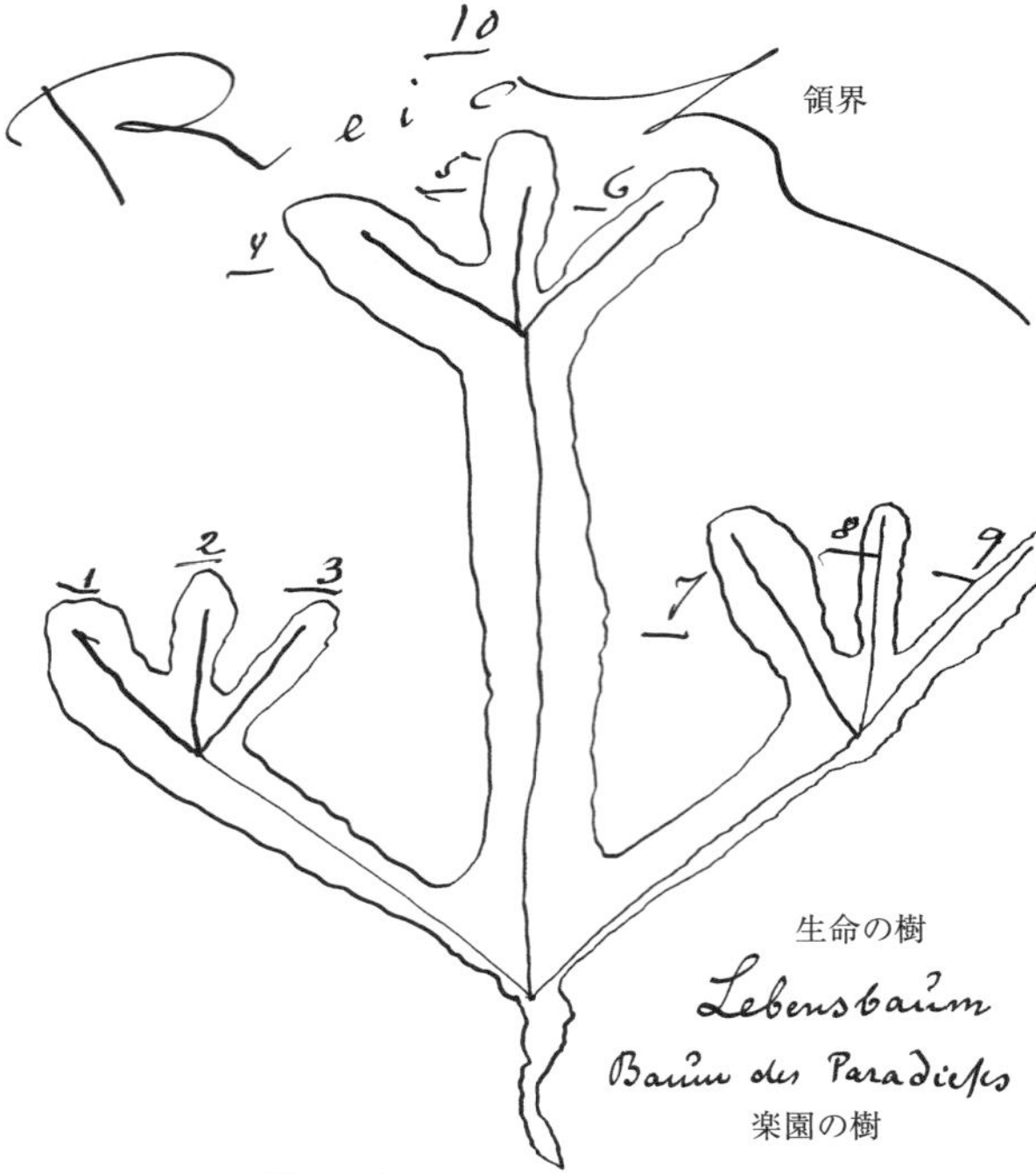

領界

生命の樹

Lebensbaum

Baum des Paradieses

楽園の樹

10 Sephirot sind die neun Zweige mit dem
Reich zusammen im Paradiese.

10のセフィロートは、楽園においては、
9つの枝と領界とが一つになっている。

初版のまえがき（1912／13年）

人間は、自分が宇宙の時の推移の中に生かされており、
自分の存在の中に、流転《るてん》という宇宙の原像が
模像《もぞう》となって映《うつ》し出されている、と感じている。
しかしその模像は、宇宙原像を比喩《ひゆ》的に、文字通りに、ただなぞっているのではなく、
大宇宙が時の流れの中で顕現《けんげん》するものが、人生の周期となって体験されている。
この人生の周期は、時間の流れにただ従っているだけなのではない。
むしろ人間は、感性的知覚の世界に帰依《きえ》するとき、
自分を光と熱が織りなす夏の自然にふさわしい存在であると感じ、
自分であることの根拠を求めて、思考と意志の世界の中に生きるとき、
自分を冬の存在であると思っている。
そのように自然が、時の推移の中で夏となり、冬となるとき、
その推移は人間の場合、外的生活と内的生活のリズムとなる。

直接時間には左右されない知覚体験と思考体験のリズムを、ふさわしい仕方で、自然の時のリズムに関係づけるとき、生きることの偉大な秘密が、初めて人間に開示される。そしてそのとき、四季の推移が人間の魂の活動の原像になると同時に、真の自己認識の稔《みの》りある一つの源泉となる。

*

以下の『魂《たましい》のこよみ』においては、人間精神が、一週一週の季節の気分の中で、その都度《つど》自分の魂の季節のイメージを感じとれるように、考えられている。感じとることで、自己を認識することが問題なのである。

それによって、魂の生活の循環を「時間における没時間的なもの」として体験することができるはずである。

もう一度強調しておけば、ここでは一つの自己認識への道を示そうと試みられている。神智学の教義に則《のっと》った「指導書」を与えるつもりはない。むしろいつか可能となるはずの魂の生きいきとしたいとなみが示唆《しさ》されているのである。

魂のために示唆されたものは、すべて個人的な色調を帯《お》びる。

だからこそ、どんな魂も、自分の道を個的に彩《いろど》られた色調をもって、歩むことができる。

自己認識にはげむためには、ここに記されているような仕方で瞑想《めいそう》すべきである、と述べるのは容易であるが、しかしそう述べるつもりはない。

なぜなら人生の道は、杓子定規《しゃくしじょうぎ》に「認識の小道」に自分を従わせるべきではなく、与えられたものを刺戟《しげき》として受けとるべきだからである。

ルドルフ・シュタイナー

第二版のまえがき（1918年）

一年の周期には　固有の生命がある。
人間の魂は　この生命を感じとることができる。
この生命が　一週一週、異なる内容を語るとき、
人間の魂は　それを自分に作用させることができる。
その時　人間の魂は　この生命との共体験を通して、
自分自身を　本当に発見することができる。
そして　自分が内部から力づけられるのを感じる。
私たちは　宇宙のいとなみの　季節ごとの変化に関《かか》わるとき、
力が　自分の中で目覚《めざ》めようとしているのに気づき、
そして　自分が生まれついたこの世と　自分との間に存在する、
繊細《せんさい》ながら意味深い結びの糸を、　はじめて認めるようになる。

*

この一週ごとに示されるこよみの句は、一年全体のいとなみの、部分としての各週を、魂に体験させてくれるであろう。

季節のいとなみと一つになった魂の中に鳴り響くものが、こよみの句として表現されている。

自然の歩みとの力強い「一体感」、そこから生じる健全なる「自己との出会い」が意図されている。

著者は、このこよみの句の意味での大自然との交感が、自分自身のことを理解したいという魂の深い内的要求にこたえる何かでありうる、と信じている。

ルドルフ・シュタイナー

春

FRÜHLING

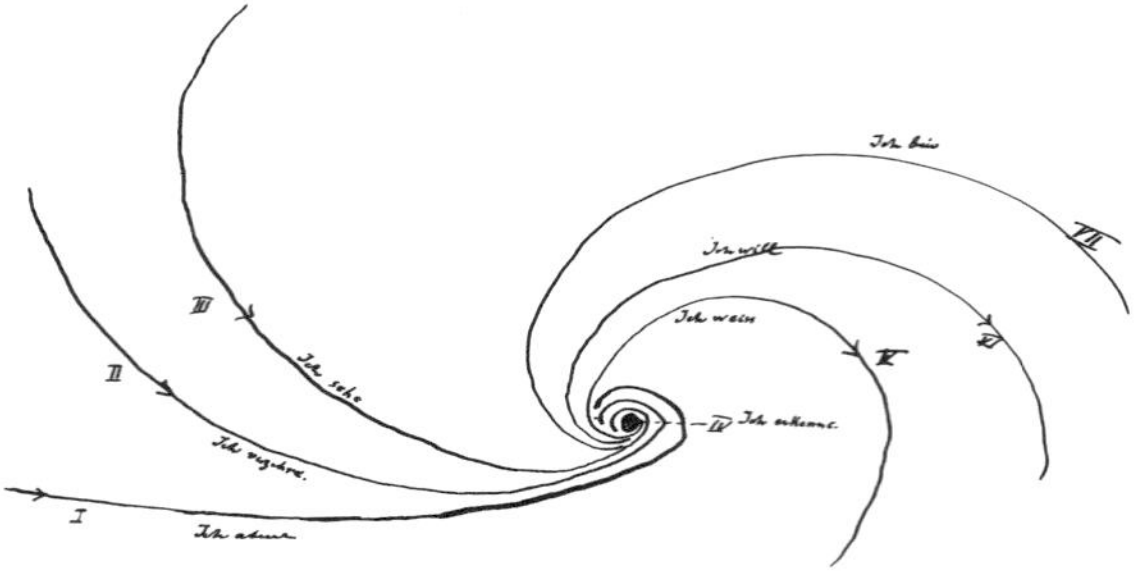

Erste Woche　Oster-Stimmung

Wenn aus den Weltenweiten
Die Sonne spricht zum Menschensinn
Und Freude aus den Seelentiefen
Dem Licht sich eint im Schauen,
Dann ziehen aus der Selbstheit Hülle
Gedanken in die Raumesfernen
Und binden dumpf
Des Menschen Wesen an des Geistes Sein.

第1週　復活祭の情景

太陽が　宇宙の彼方《かなた》から
感覚に語りかけると
視《み》ることの喜びが　魂の奥底から湧《わ》き上がり
陽光と　ひとつになる。
その時想《おも》いが　自分のからだから
遠く空間の果《は》てにまで流れ
暗く不確かに
人間の本性は　霊なのだと感じ始める。

Zweite Woche

Ins Äußre des Sinnesalls
Verliert Gedankenmacht ihr Eigensein ;
Es finden Geisteswelten
Den Menschensprossen wieder,
Der seinen Keim in ihnen,
Doch seine Seelenfrucht
In sich muß finden.

第2週

思想の力が　果《は》てしない
外なる感覚世界の中に
自分を見失うとき、
霊界が　人間の萌芽《ほうが》を　ふたたび見つけ出す。
人間の萌芽は
おのれの種を　霊界の中に見出し、
そして　おのれの魂の実を
みずからの中に
実らせねばならない。

Dritte Woche

Es spricht zum Weltenall,
Sich selbst vergessend
Und seines Urstands eingedenk,
Des Menschen wachsend Ich :
In dir, befreiend mich
Aus meiner Eigenheiten Fessel,
Ergründe ich mein echtes Wesen.

第3週

自分自身を忘れ
しかも　自分の根源を忘れることなく
人間の成長する自我が
宇宙の万象《ばんしょう》に　語りかける。
「個我の呪縛《じゅばく》から私を
解放するお前の中でこそ
私は　みずからの真実を　きわめたい。」

Vierte Woche

Ich fühle Wesen meines Wesens :
So spricht Empfindung,
Die in der sonnerhellten Welt
Mit Lichtesfluten sich vereint ;
Sie will dem Denken
Zur Klarheit Wärme schenken
Und Mensch und Welt
In Einheit fest verbinden.

第4週

「私は　自分であることの本質を　感じる。」
そう語る感情は
陽光の明るい世界の中で
光の流れと　ひとつになる。
そして　思考の明るさに熱を贈り
人間と世界を
かたく　ひとつに　結びつけようとする。

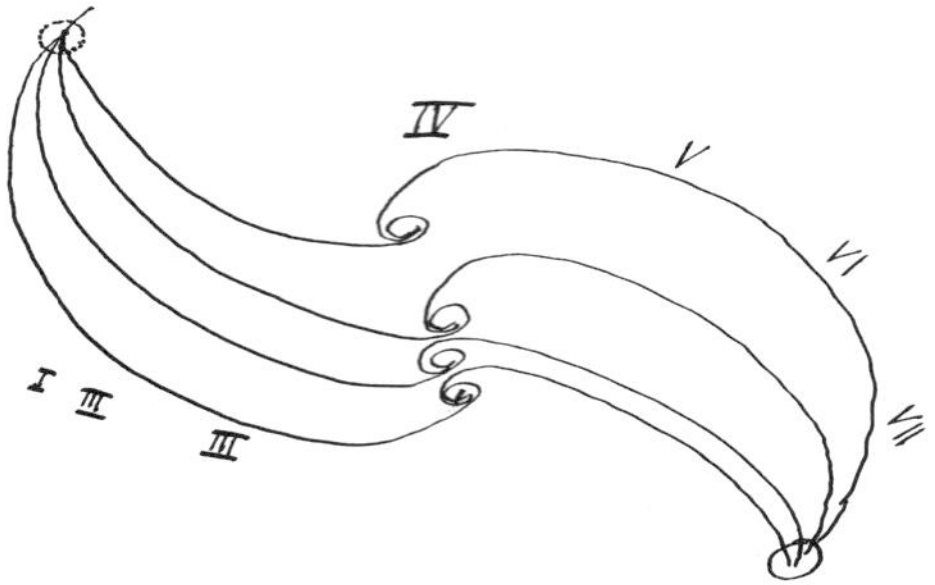

Fünfte Woche

Im Lichte, das aus Geistestiefen
Im Raume fruchtbar webend
Der Götter Schaffen offenbart :
In ihm erscheint der Seele Wesen
Geweitet zu dem Weltensein
Und auferstanden
Aus enger Selbstheit Innenmacht.

第5週

光は　霊の深みから現れ
空間の中で　実りゆたかに働きながら
神々の創造行為を　明らかにする。
その光の中で　魂の本質は
宇宙存在にまで拡《ひろ》がりつつ
狭《せま》い　みずからの内なる強制を脱して
今　新たに甦《よみがえ》ろうとする。

Sechste Woche

Es ist erstanden aus der Eigenheit
Mein Selbst und findet sich
Als Weltenoffenbarung
In Zeit- und Raumeskräften ;
Die Welt, sie zeigt mir überall
Als göttlich Urbild
Des eignen Abbilds Wahrheit.

第6週

自分の内部から
私自身が甦《よみがえ》った。
そして　みずからが時間と空間の働きの中で
宇宙を開示するものとなった。
宇宙が　いたるところで
みずからの姿の真実を
その神的原像を
私に　現している。

Siebente Woche

Mein Selbst, es drohet zu entfliehen,
Vom Weltenlichte mächtig angezogen.
Nun trete du mein Ahnen
In deine Rechte kräftig ein,
Ersetze mir des Denkens Macht,
Das in der Sinne Schein
Sich selbst verlieren will.

第7週

私みずからは
宇宙の光に魅了されて
身を隠《かく》そうとしている。
だから予感よ、現れよ。
そして　感覚の仮象《かしょう》の中で
自分を失いかけている
思考の力の代わりに　力強く働け。

Achte Woche

Es wächst der Sinne Macht
Im Bunde mit der Götter Schaffen,
Sie drückt des Denkens Kraft
Zur Traumes Dumpfheit mir herab.
Wenn göttlich Wesen
Sich meiner Seele einen will,
Muß menschlich Denken
Im Traumessein sich still bescheiden.

第8週

感覚の力が　勢いを増す。
神々の創造行為に助けられて
その力が　私の思考の力を　夢の暗い作業に引き下げる。
神的な存在が
私の魂に結びつこうとするとき
人間的な思考は　夢の中に
安んじて　身を委《ゆだ》ねる。

Neunte Woche

Vergessend meine Willenseigenheit
Erfüllet Weltenwärme sommerkündend
Mir Geist und Seelenwesen ;
Im Licht mich zu verlieren
Gebietet mir das Geistesschauen,
Und kraftvoll kündet Ahnung mir :
Verliere dich, um dich zu finden.

第9週

私の我意を忘れさせるほどに
夏のおとずれを知らせる　宇宙の熱が
私の霊魂を　充《み》たす。
霊視が　私に
自分を光に委《ゆだ》ねよ　と命じる。
予感が　力をこめて　私に告《つ》げる
「おのれを見出《みいだ》すために
おのれを　すてなさい。」

夏

SOMMER

Zehnte Woche

Zu sommerlichen Höhen
Erhebt der Sonne leuchtend Wesen sich ;
Es nimmt mein menschlich Fühlen
In seine Raumesweiten mit.
Erahnend regt im Innern sich
Empfindung, dumpf mir kündend,
Erkennen wirst du einst :
Dich fühlte jetzt ein Gotteswesen.

第10週

夏空の高みへ
輝く太陽が昇り
私の個人的な感情を
果《は》てしない空間の彼方《かなた》へ連れ去る。
心の内部に予感が目覚《めざ》め
暗い感情が　私に語りかける。
「或《あ》る神的存在が　今
お前を感じとったことを、
いつかかならず　知るであろう。」

Elfte Woche

Es ist in dieser Sonnenstunde
An dir, die weise Kunde zu erkennen:
An Weltenschönheit hingegeben,
In dir dich fühlend zu durchleben:
Verlieren kann das Menschen-Ich
Und finden sich im Welten-Ich.

第11週

この強い日ざしの中で
叡智《えいち》の知らせを　受けなさい。
宇宙の美に帰依《きえ》しつつ
お前の中に　お前を感じながら　生きなさい。
そうすれば　人間自我が　自分を見失っても
宇宙自我の中に　自分を見つけ出すことができる。

Zwölfte Woche   Johannes-Stimmung

Der Welten Schönheitsglanz,
Er zwinget mich aus Seelentiefen
Des Eigenlebens Götterkräfte
Zum Weltenfluge zu entbinden;
Mich selber zu verlassen,
Vertrauend nur mich suchend
In Weltenlicht und Weltenwärme.

第12週　ヨハネ祭の情景

万象《ばんしょう》の美しい輝きが
私の魂の奥底に生きる　神々の力を
宇宙の彼方《かなた》へ解き放つ。
自分自身から離れ
ただ　ひたすらに
宇宙の光と　熱の中に　自分を探《さが》し求める。

Dreizehnte Woche

Und bin ich in den Sinneshöhen,
So flammt in meinen Seelentiefen
Aus Geistes Feuerwelten
Der Götter Wahrheitswort :
In Geistesgründen suche ahnend
Dich geistverwandt zu finden.

第13週

こうして　私が感覚の高みにいると
魂の奥底にひそむ　霊火の領界から
神々の真言《しんごん》が　燃え上がる――
「予感しつつ　霊の根底に
霊化された汝《なんじ》自身を　見出《みいだ》せ。」

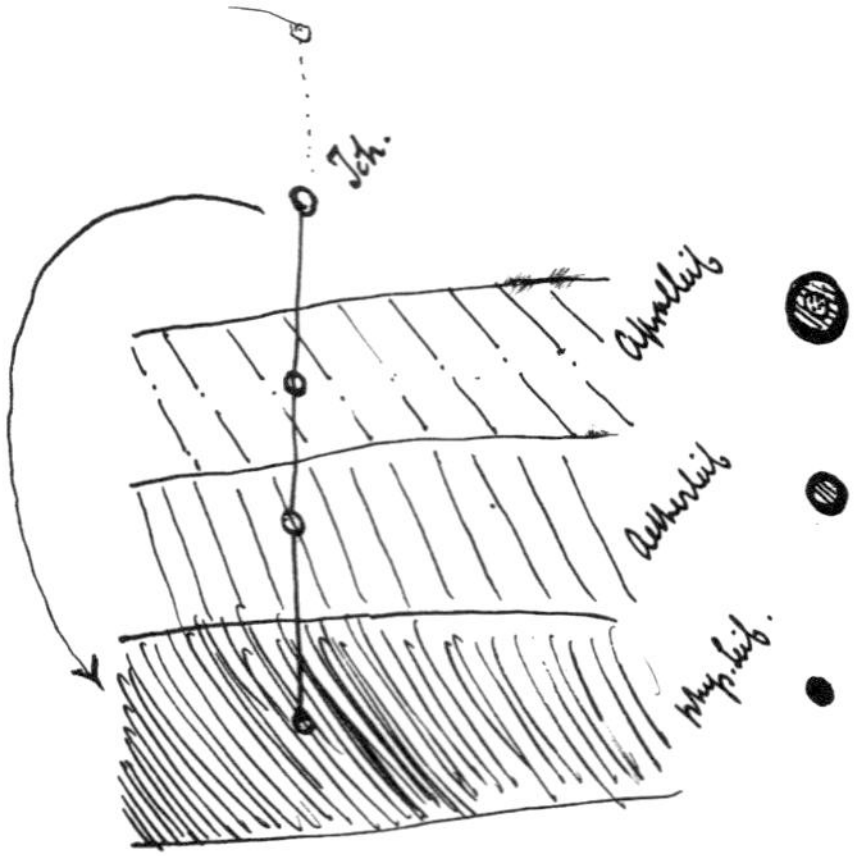

Vierzehnte Woche

An Sinnesoffenbarung hingegeben
Verlor ich Eigenwesens Trieb,
Gedankentraum, er schien
Betäubend mir das Selbst zu rauben,
Doch weckend nahet schon
Im Sinnenschein mir Weltendenken.

第14週

感覚の開示に帰依《きえ》した私は
自分自身の衝動《しょうどう》を失った。
思考は　私をめくらませ
私自身を　私から奪《うば》い去るように見えた。
けれども　すでに感覚の仮象《かしょう》の中で
宇宙思考が　私に近寄り
私を　目覚《めざ》めさせようとする。

Fünfzehnte Woche

Ich fühle wie verzaubert
Im Weltenschein des Geistes Weben :
Es hat in Sinnesdumpfheit
Gehüllt mein Eigenwesen,
Zu schenken mir die Kraft :
Die, ohnmächtig sich selbst zu geben,
Mein Ich in seinen Schranken ist.

第15週

私は　魔法にかけられたかのように
万象《ばんしょう》の中に
霊のいとなみを感じとる。
そのいとなみが
私を包み込み
私の感覚をにぶらせ
私に力を授《さず》ける。
無力な私に与えられた　その力こそが
私の限られた自我に他《ほか》ならない。

Sechzehnte Woche

Zu bergen Geistgeschenk im Innern,
Gebietet strenge mir mein Ahnen,
Daß reifend Gottesgaben
In Seelengründen fruchtend
Der Selbstheit Früchte bringen.

第16週

霊の贈り物を
内部に生かすために
予感が私にきびしく命じる――
神のゆたかな賜物《たまもの》が
魂の奥底で　自分である　という果実になって
実を結ぶようにせよ。

Siebzehnte Woche

Es spricht das Weltenwort,
Das ich durch Sinnestore
In Seelengründe durfte führen:
Erfülle deine Geistestiefen
Mit meinen Weltenweiten,
Zu finden einstens mich in dir.

第17週

宇宙の言葉が語る——
「お前の霊の深みを
私の宇宙の拡《ひろ》がりで充《み》たしなさい。
そうすれば　いつか私を
お前の中に見《み》出《いだ》すであろう。」
この言葉を
感覚の門を通して
魂の奥底にまで　私は沈めたい。

Achtzehnte Woche

Kann ich die Seele weiten,
Daß sie sich selbst verbindet
Empfangnem Welten-Keimesworte?
Ich ahne, daß ich Kraft muß finden,
Die Seele würdig zu gestalten,
Zum Geistes-Kleide sich zu bilden.

第18週

私は　魂を拡《ひろ》げられるのか。
魂は　今受けた宇宙の言葉の種を
自分の中に播《ま》けるのか。
私は予感する――自分の魂を
霊の衣裳《いしょう》にしうるほどの形成力を
見つけ出さねばならない。

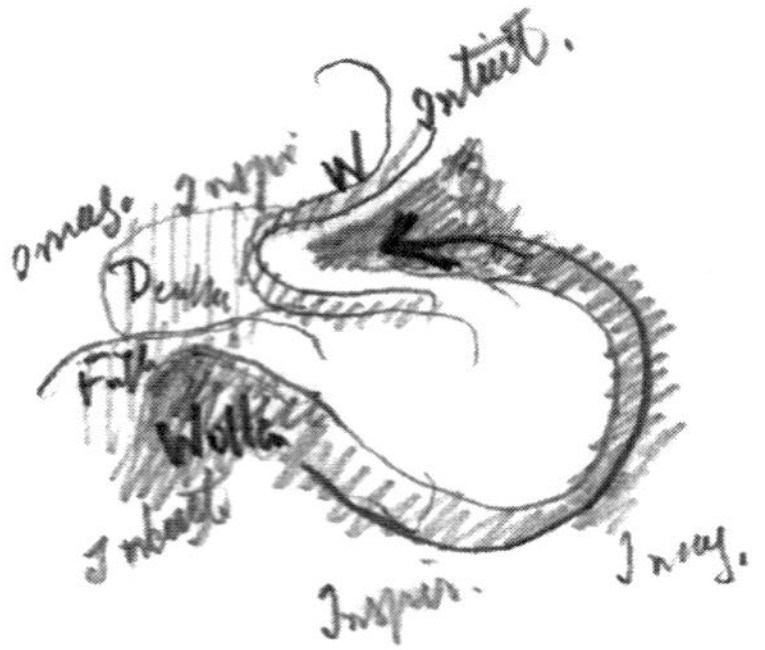

Neunzehnte Woche

Geheimnisvoll das Neu-Empfang'ne
Mit der Erinnerung zu umschließen,
Sei meines Strebens weitrer Sinn :
Er soll erstarkend Eigenkräfte
In meinem Innern wecken
Und werdend mich mir selber geben.

第19週

不思議な力で
新しく受けとったものを
思い出に包み込む。
それが　私の努力の　さらなる目標だ。
この目標が　私の内部の力を
呼びさまし
成長する私を　私自身に授《さず》ける。

Zwanzigste Woche

So fühl ich erst mein Sein,
Das fern vom Welten-Dasein
In sich, sich selbst erlöschen
Und bauend nur auf eignem Grunde
In sich, sich selbst ertöten müßte.

第20週

こうして私は　今
自分の存在を　こう感じる――
宇宙存在から遠くはなれ
自分の中で　自分を消滅させようとする。
自分だけを　拠《よ》りどころにしていれば
自分の中で　自分を殺すしかない。

Einundzwanzigste Woche

Ich fühle fruchtend fremde Macht
Sich stärkend mir mich selbst verleihn,
Den Keim empfind ich reifend
Und Ahnung lichtvoll weben
Im Innern an der Selbstheit Macht.

第21週

見知らぬ力が充実すると
その力が　私自身を私に　委《ゆだ》ねようとする。
内部のみずからの力の領界で
見知らぬ種が育ち
予感が　光り輝く。

Zweiundzwanzigste Woche

Das Licht aus Weltenweiten,
Im Innern lebt es kräftig fort :
Es wird zum Seelenlichte
Und leuchtet in die Geistestiefen,
Um Früchte zu entbinden,
Die Menschenselbst aus Weltenselbst
Im Zeitenlaufe reifen lassen.

第22週

遠い宇宙からの光が
私の内部で力強く生き続け
魂の光となって
霊の深みを照らす。
その光は　人間の自己を
宇宙の自己から生長させて
時の流れの中で　豊かな実を結ばせる。

秋

HERBST

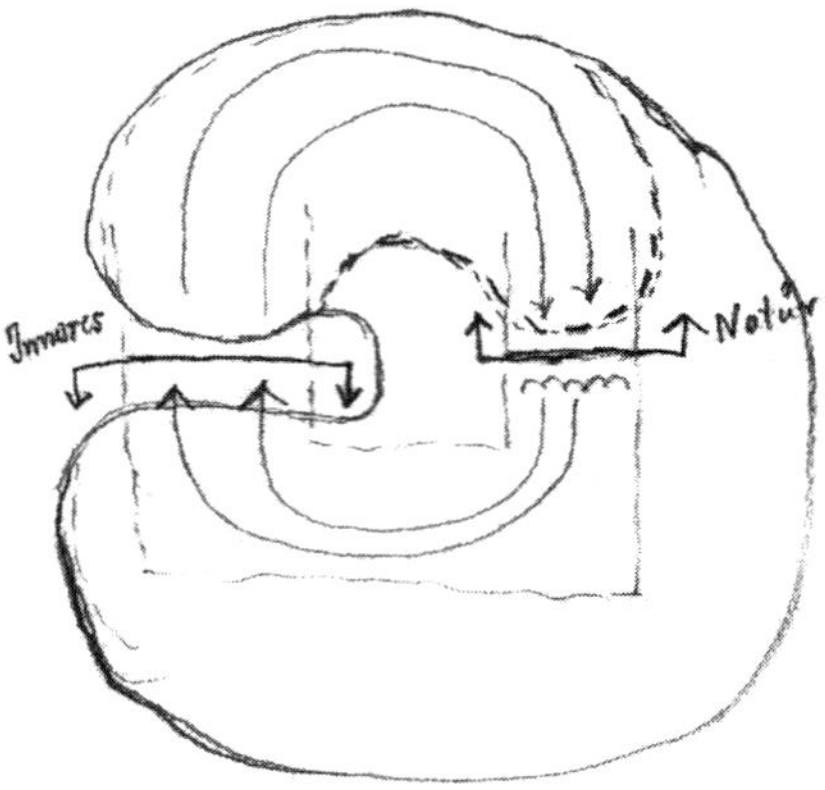

Dreiundzwanzigste Woche

Es dämpfet herbstlich sich
Der Sinne Reizesstreben;
In Lichtesoffenbarung mischen
Der Nebel dumpfe Schleier sich.
Ich selber schau in Raumesweiten
Des Herbstes Winterschlaf.
Der Sommer hat an mich
Sich selber hingegeben.

第23週

秋の中で
感覚の興奮が鎮《しず》まる。
外光の輝きの中に
霧の暗いヴェールが 拡《ひろ》がる。
遠くから冬の眠りが 姿を現す。
夏は 私の中に
すっかり身を委《ゆだ》ねた。

Vierundzwanzigste Woche

Sich selbst erschaffend stets,
Wird Seelensein sich selbst gewahr ;
Der Weltengeist, er strebet fort
In Selbsterkenntnis neu belebt
Und schafft aus Seelenfinsternis
Des Selbstsinns Willensfrucht.

第24週

自分自身を絶《た》えず創造しつつ
魂は　自分自身を確認する。
宇宙霊は　この自己認識によって
新たな甦《よみがえ》りを続ける。
そして　魂の闇《やみ》の中から
自覚せる意志を実らせる。

Fünfundzwanzigste Woche

Ich darf nun mir gehören
Und leuchtend breiten Innenlicht
In Raumes- und in Zeitenfinsternis.
Zum Schlafe drängt natürlich Wesen,
Der Seele Tiefen sollen wachen
Und wachend tragen Sonnengluten
In kalte Winterfluten.

第25週

やっと自分をとりもどす。
内部の光が　今
空間と時間の闇《やみ》を照らす。
森羅万象《しんらばんしょう》が　眠りにつこうとするとき、
魂は　深いところから目覚《めざ》めはじめ
内部に引き受けた太陽の熱を
冬の寒気の中へと　そそぎ込む。

Secheundzwanzigste Woche   Michaeli-Stimmung

Natur, dein mütterliches Sein,
Ich trage es in meinem Willenswesen ;
Und meines Willens Feuermacht,
Sie stählet meines Geistes Triebe,
Daß sie gebären Selbstgefühl,
Zu tragen mich in mir.

第26週　ミカエル祭の情景

大自然よ、母なる生命《いのち》よ。
私は　意志の中に　あなたを担《にな》います。
私の意志の灼熱《しゃくねつ》が
私の霊の力を鍛《きた》えて
自分で自分を支《ささ》えることのできる
力強い自己感情を育てます。

Siebenundzwanzigste Woche

In meines Wesens Tiefen dringen :
Erregt ein ahnungsvolles Sehnen,
Daß ich mich selbstbetrachtend finde,
Als Sommersonnengabe, die als Keim
In Herbstesstimmung wärmend lebt
Als meiner Seele Kräftetrieb.

第27週

予感と憧《あこが》れに誘われながら
みずからの深みへ降りていく。
おのれを省《かえり》みながら
自分を夏の日の贈り物と感じる。
今 私は秋の季節に
萌《も》える芽となり
魂の熱い力となって生きる。

Achtundzwanzigste Woche

Ich kann im Innern neu belebt
Erfühlen eignen Wesens Weiten
Und krafterfüllt Gedankenstrahlen
Aus Seelensonnenmacht
Den Lebensrätseln lösend spenden,
Erfüllung manchem Wunsche leihen,
Dem Hoffnung schon die Schwingen lähmte.

第28週

ふたたび力が湧いてくる。
内部に　存在の拡《ひろ》がりを感じる。
心の太陽から　力強く
思想の光が輝く。
その光は　人生の謎《なぞ》を解明し
暗い願いに
希望の光をもたらす。

Neunundzwanzigste Woche

Sich selbst des Denkens Leuchten
Im Innern kraftvoll zu entfachen,
Erlebtes sinnvoll deutend
Aus Weltengeistes Kräftequell,
Ist mir nun Sommererbe,
Ist Herbstesruhe und auch Winterhoffnung.

第29週

自分自身で　思考の輝きを強め
体験の意味を解《と》きながら
宇宙の中に　霊の力の源泉を求める。
それは　私に与えられた夏の遺産であり
秋の平静であり
冬の希望である。

Dreißigste Woche

Es sprießen mir im Seelensonnenlicht
Des Denkens reife Früchte,
In Selbstbewußtseins Sicherheit
Verwandelt alles Fühlen sich.
Empfinden kann ich freudevoll
Des Herbstes Geisterwachen :
Der Winter wird in mir
Den Seelensommer wecken.

第30週

魂の陽光の中で
思考の果実が　豊かに実を結ぶ。
すべての感情が
自己意識の確かさに変わる。
喜びにみちて
霊の目覚める秋を感じる。
冬が　私の中で
魂の夏に変わる。

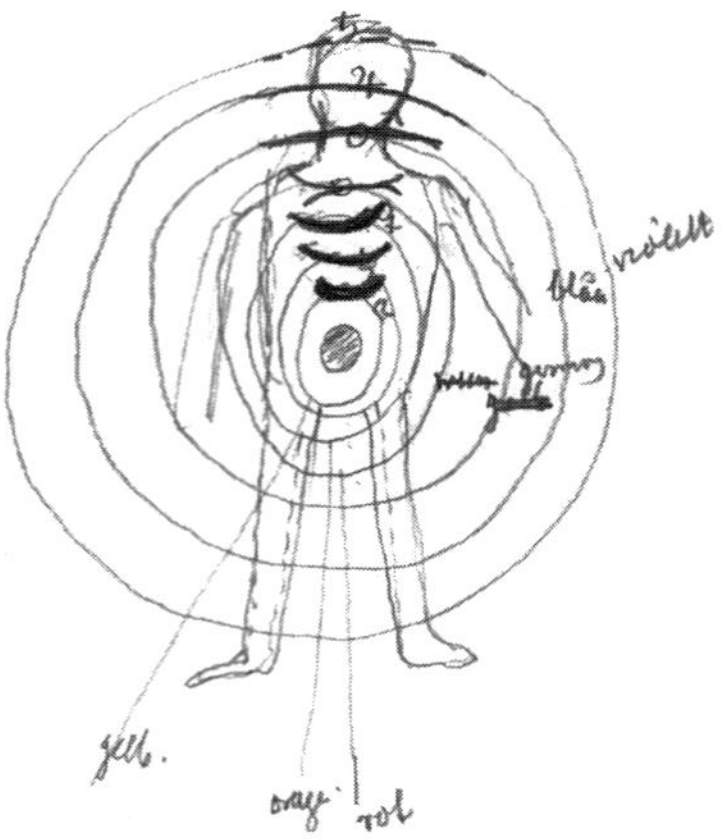

Einunddreißigste Woche

Das Licht aus Geistestiefen,
Nach außen strebt es sonnenhaft :
Es wird zur Lebenswillenskraft
Und leuchtet in der Sinne Dumpfheit,
Um Kräfte zu entbinden,
Die Schaffensmächte aus Seelentrieben
Im Menschenwerke reifen lassen.

第31週

人間の霊の深みからの光が
外へ向かって　太陽のように輝き
生きる意志の力となって
暗い感覚の中を照らす。
その力は　魂の衝動《しょうどう》を
創造の力に変え、
人間事業を　見事《みごと》に達成させる。

Zweiunddreißigste Woche

Ich fühle fruchtend eigne Kraft
Sich stärkend mich der Welt verleihn;
Mein Eigenwesen fühl ich kraftend
Zur Klarheit sich zu wenden
Im Lebensschicksalsweben.

第32週

自分の力が充実すると
その力が　私を世界に委《ゆだ》ねようとする。
自分の存在が　力強くなると
この世の運命の中で
明晰《めいせき》であり続けようとする。

Dreiunddreißigste Woche

So fühl ich erst die Welt,
Die außer meiner Seele Miterleben
An sich nur frostig leeres Leben
Und ohne Macht sich offenbarend,
In Seelen sich von neuem schaffend,
In sich den Tod nur finden könnte.

第33週

こうして私は　今
世界をこう感じる――
世界は　私の魂が関《かか》わらなければ
ただそれだけでは
つめたい空虚な働きにすぎない。
力なく現れ
また　新たに人の魂の中に甦《よみがえ》るが
自分の中には
死だけしか見出《みいだ》せない。

Vierunddreißigste Woche

Geheimnisvoll das Alt-Bewahrte
Mit neuerstandnem Eigensein
Im Innern sich belebend fühlen :
Es soll erweckend Weltenkräfte
In meines Lebens Außenwerk ergießen
Und werdend mich ins Dasein prägen.

第34週

不思議な力で
私の中の古いものを
新たに生まれた自分の力で　生きいきとさせる。
目覚《めざ》めた宇宙の力を
この世での私の仕事に流しこむ。
そして　ますます私の人生を
確かなものにする。

冬

WINTER

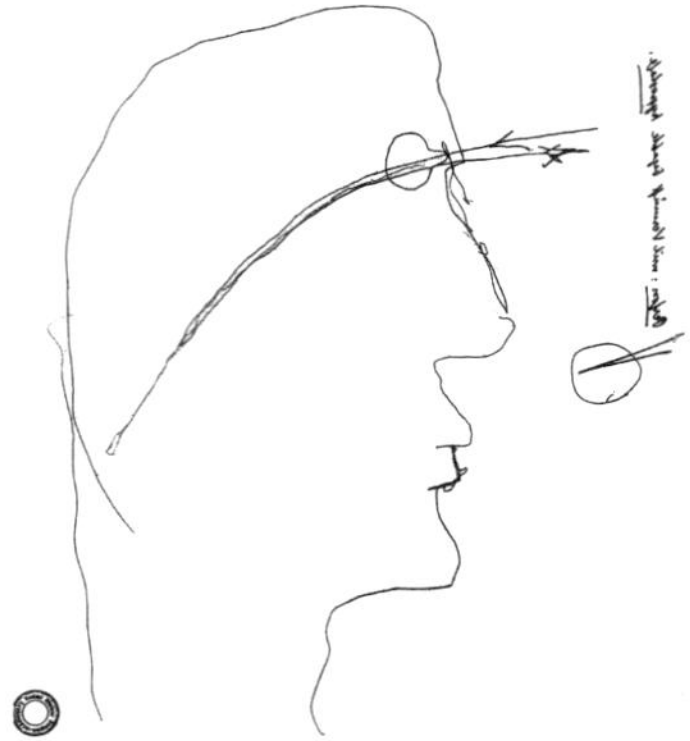

Fünfunddreißigste Woche

Kann ich das Sein erkennen,
Daß es sich wiederfindet
Im Seelenschaffensdrange?
Ich fühle, daß mir Macht verlieh'n,
Das eigne Selbst dem Weltenselbst
Als Glied bescheiden einzuleben.

第35週

私には　存在が認識できるのか。
創造行為の中で
自分の存在を　確認できるのか。
私は　自分自身を宇宙自身の中に
そっと組み入れる力が
自分の中にあると感じる。

Sechsunddreißigste Woche

In meines Wesens Tiefen spricht
Zur Offenbarung drängend
Geheimnisvoll das Weltenwort :
Erfülle deiner Arbeit Ziele
Mit meinem Geisteslichte,
Zu opfern dich durch mich.

第36週

私の存在の深みで
宇宙の言葉が
神秘の呼び声となって語る――
「お前の仕事の目標を
私の霊の光で　まっとうするために
お前を　霊に奉仕する存在にせよ。」

Siebenunddreißigste Woche

Zu tragen Geisteslicht in Weltenwinternacht
Erstrebet selig meines Herzens Trieb,
Daß leuchtend Seelenkeime
In Weltengründen wurzeln,
Und Gotteswort im Sinnesdunkel
Verklärend alles Sein durchtönt.

第37週

霊の光を
宇宙の冬の夜にもたらすために
私の心は　聖なる喜びをもって　こう願う――
魂の輝く萌芽《ほうが》が
宇宙の根底に根づきますように。
そして　神の言葉が　感覚の闇《やみ》の中で
すべての存在を貫《つらぬ》く
ひびきとなって　輝きますように。

Achtunddreißigste Woche   Weihe-Nacht-Stimmung

Ich fühle wie entzaubert
Das Geisteskind im Seelenschoß ;
Es hat in Herzenshelligkeit
Gezeugt das heilige Weltenwort
Der Hoffnung Himmelsfrucht,
Die jubelnd wächst in Weltenfernen
Aus meines Wesens Gottesgrund.

第38週　聖夜の情景

私は　魔法を解《と》かれたかのように
魂の胎内《たいない》に
子なる霊の存在を感じる。
明るい心の中で
聖なる宇宙の言葉が
希望という　天の果実をみのらせ
その果実が　私の神的根底から
宇宙の果《は》てにまで
歓《よろこ》びの声を　ひびかせる。

Neununddreißigste Woche

An Geistesoffenbarung hingegeben
Gewinne ich des Weltenwesens Licht.
Gedankenkraft, sie wächst
Sich klärend mir mich selbst zu geben,
Und weckend löst sich mir
Aus Denkermacht das Selbstgefühl.

第39週

霊の啓示に帰依《きえ》した私は
宇宙存在の光を受けとる。
明るい思考の力が育ち
その力が　私に私自身を与える。
こうして自己感情が
私の思考力から目覚《めざ》める。

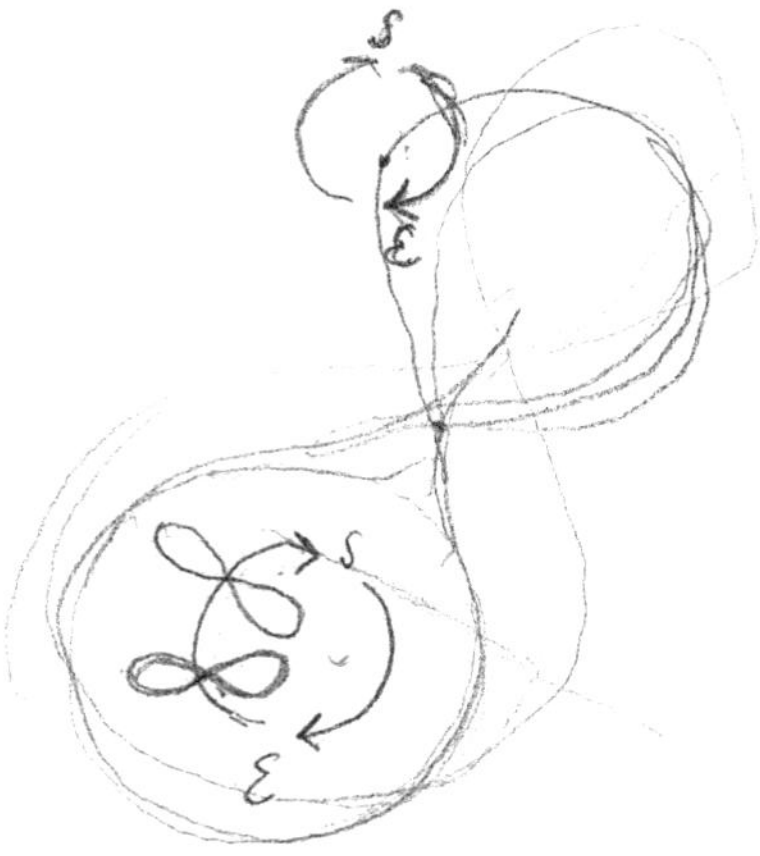

Vierzigste Woche

Und bin ich in den Geistestiefen,
Erfüllt in meinen Seelengründen
Aus Herzens Liebewelten
Der Eigenheiten leerer Wahn
Sich mit des Weltenwortes Feuerkraft.

第40週

こうして私が　霊の深みにいると
魂の根底の
愛の領界から生じる
自己幻想の空《むな》しさが
宇宙の言葉の焔《ほのお》に　貫《つらぬ》かれる。

Einundvierzigste Woche

Der Seele Schaffensmacht,
Sie strebet aus dem Herzensgrunde,
Im Menschenleben Götterkräfte
Zu rechtem Wirken zu entflammen,
Sich selber zu gestalten
In Menschenliebe und im Menschenwerke.

第41週

魂の創造する力が
心の根底から現れ
人生の中で
神々の力を 正しく働かせ
人を愛し、 仕事にはげむ
自分を形成しようと努める。

Zweiundvierzigste Woche

Es ist in diesem Winterdunkel
Die Offenbarung eigner Kraft
Der Seele starker Trieb,
In Finsternisse sie zu lenken
Und ahnend vorzufühlen
Durch Herzenswärme Sinnesoffenbarung.

第42週

この暗い冬の中で
おのれの力を発揮して
魂を　激しく働かせなさい。
その力が　闇《やみ》の中で　魂を導き
心の熱を通して
感覚の啓示を　予感させてくれるように。

Dreiundvierzigste Woche

In winterlichen Tiefen
Erwarmt des Geistes wahres Sein ;
Es gibt dem Weltenscheine
Durch Herzenskräfte Daseinsmächte ;
Der Weltenkälte trotzt erstarkend
Das Seelenfeuer im Menscheninnern.

第43週

深い冬の中で
霊の真存在が　熱を帯《お》びはじめる。
心情の力によって
万象《ばんしょう》が　実在の確かさを獲得《かくとく》し
人間の内部で　魂の火が
宇宙の冷気と戦う。

Vierundvierzigste Woche

Ergreifend neue Sinnesreize
Erfüllet Seelenklarheit,
Eingedenk vollzogener Geistgeburt,
Verwirrend sprossend Weltenwerden
Mit meines Denkens Schöpferwillen.

第44週

新たな感覚の刺戟《しげき》を受けて
明澄《めいちょう》な魂は
かつて成就《じょうじゅ》された霊の誕生を想《おも》う。
混沌《こんとん》とした
宇宙生成のいとなみを
私の思考の創造意志で充《み》たす。

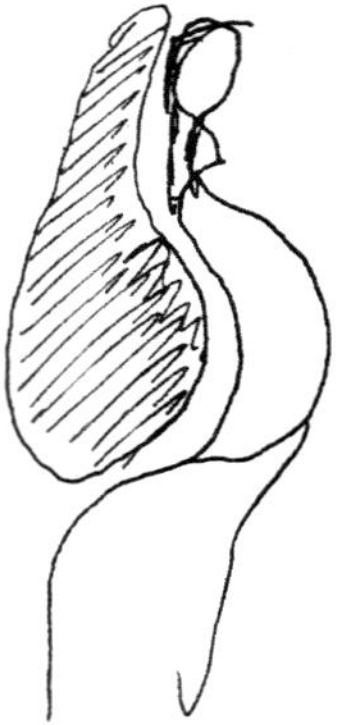

Fünfundvierzigste Woche

Es festigt sich Gedankenmacht
Im Bunde mit der Geistgeburt,
Sie hellt der Sinne dumpfe Reize
Zur vollen Klarheit auf.
Wenn Seelenfülle
Sich mit dem Weltenwerden einen will,
Muß Sinnesoffenbarung
Des Denkens Licht empfangen.

第45週

思考の力が強まる。
霊の誕生に力づけられて
その力が　感覚の暗い印象を
明るい光で充《み》たす。
魂が　生成する宇宙に
帰依《きえ》するとき、
感覚の世界が
思考の光を受けて輝く。

Sechsundvierzigste Woche

Die Welt, sie drohet zu betäuben
Der Seele eingeborene Kraft ;
Nun trete du, Erinnerung,
Aus Geistestiefen leuchtend auf
Und stärke mir das Schauen,
Das nur durch Willenskräfte
Sich selbst erhalten kann.

第46週

世界は
魂生来《せいらい》の力を
麻痺《まひ》させようとする。
だから思い出よ、霊の深みから現れよ。
そして　意志の力に支《ささ》えられた
私の見る力を強めよ。

Siebenundvierzigste Woche

Es will erstehen aus dem Weltenschoße,
Den Sinnenschein erquickend, Werdelust.
Sie finde meines Denkens Kraft
Gerüstet durch die Gotteskräfte,
Die kräftig mir im Innern leben.

第47週

宇宙の母胎《ぼたい》から
感覚世界に活気を与えながら
生成する喜びが甦《よみがえ》る。
その時、私の思考の力は
神の力と結ばれて
力強く　私の内部で働く。

Achtundvierzigste Woche

Im Lichte, das aus Weltenhöhen
Der Seele machtvoll fließen will,
Erscheine, lösend Seelenrätsel,
Des Weltendenkens Sicherheit,
Versammelnd seiner Strahlen Macht,
Im Menschenherzen Liebe weckend.

第48週

光は　宇宙の高みから現れ
魂の中に　流れこもうとする。
その光の中には　魂の謎《なぞ》を解《と》く
宇宙思考の確かさがある。
この光の力を結集して
人の心の中に　愛を目覚《めざ》めさせよう。

再び春へ

ZUM FRÜHLING WIEDER

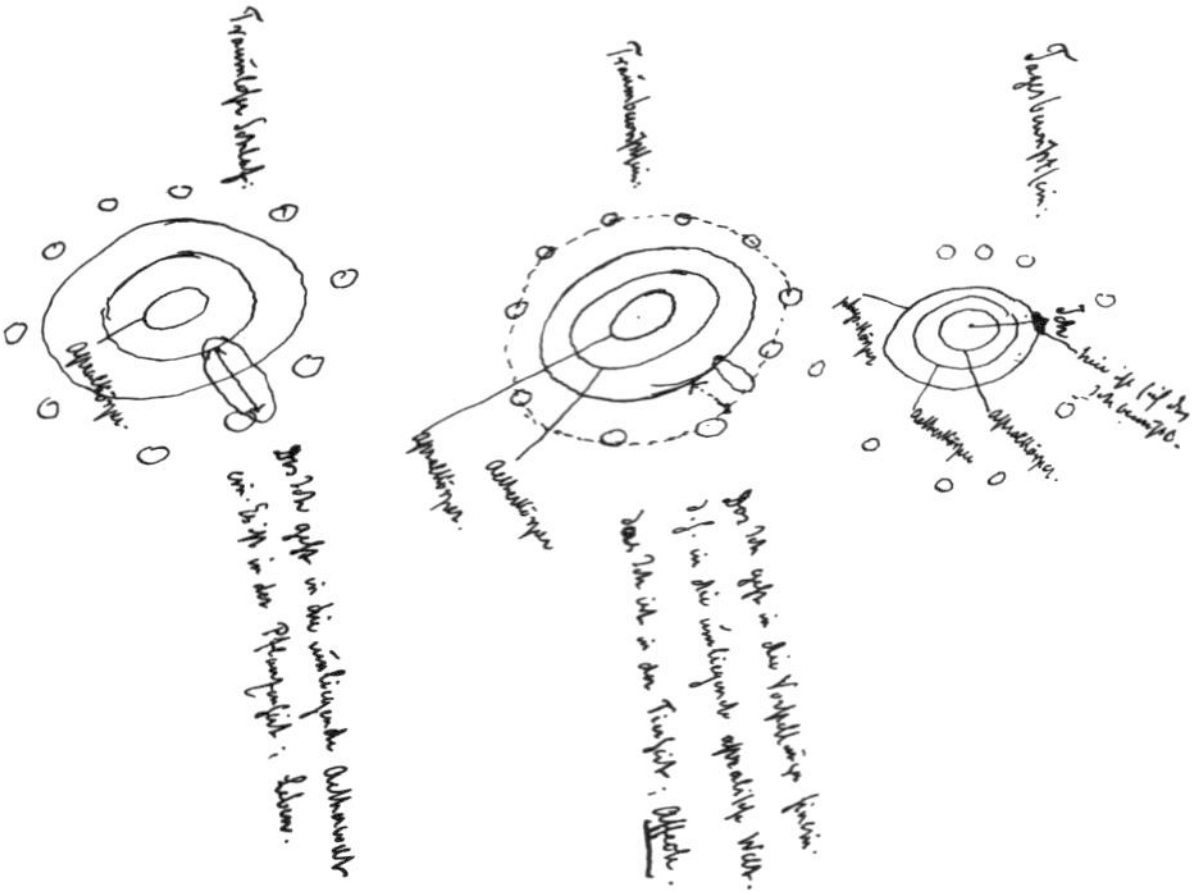

Neunundvierzigste Woche

Ich fühle Kraft des Weltenseins :
So spricht Gedankenklarheit,
Gedenkend eignen Geistes Wachsen
In finstern Weltennächten,
Und neigt dem nahen Weltentage
Des Innern Hoffnungsstrahlen.

第49週

「私は宇宙の力を感じる。」
そう語る明晰《めいせき》な思考は
宇宙の暗夜に
みずからの霊の成長を想《おも》う。
そして近づきつつある
宇宙の日のために
内なる希望の輝きを送る。

Fünfzigste Woche

Es spricht zum Menschen-Ich,
Sich machtvoll offenbarend
Und seines Wesens Kräfte lösend,
Des Weltendaseins Werdelust :
In dich mein Leben tragend
Aus seinem Zauberbanne,
Erreiche ich mein wahres Ziel.

第50週

自分の本性の力を解《と》き
自分を力強く現しながら
宇宙を生きる生成の喜びが
人間自我に語りかける。
「魔の拘束《こうそく》から脱した
私の生命《いのち》を　お前に与える時
私は　真の目標を達成する。」

Einundfünfzigste Woche Frühling-Erwartung

Ins Innre des Menschenwesens
Ergießt der Sinne Reichtum sich,
Es findet sich der Weltengeist
Im Spiegelbild des Menschenauges,
Das seine Kraft aus ihm
Sich neu erschaffen muß.

第51週　春への期待

感覚の豊かさが　果《は》てしない
人間存在の内部へ注《そそ》がれる。
宇宙霊は　人間の眼に映じる鏡像の中に
おのれを見出す。
人間の眼は　映《うつ》し出された宇宙霊から
おのれの力を　新たに創造せねばならない。

Zweiundfünfzigste Woche

Wenn aus den Seelentiefen
Der Geist sich wendet zu dem Weltensein
Und Schönheit quillt aus Raumesweiten,
Dann zieht aus Himmelsfernen
Des Lebens Kraft in Menschenleiber
Und einet, machtvoll wirkend,
Des Geistes Wesen mit dem Menschensein.

第52週

霊が　魂の深みから
宇宙存在へと　向きを変える時
そして美が　空間の拡《ひろ》がりから湧《わ》き出る時
生命の力が　天空の彼方《かなた》から
人体の中に入り、
そして力強く働きながら
霊の本質を　人間存在とひとつにする。

四季とその祭り

オスロー　一九二三年五月二一日（『人間の本質、人間の運命および宇宙の進化』第六講より）

Menschenwesen, Menschenschicksal und Welt-Entwickelung

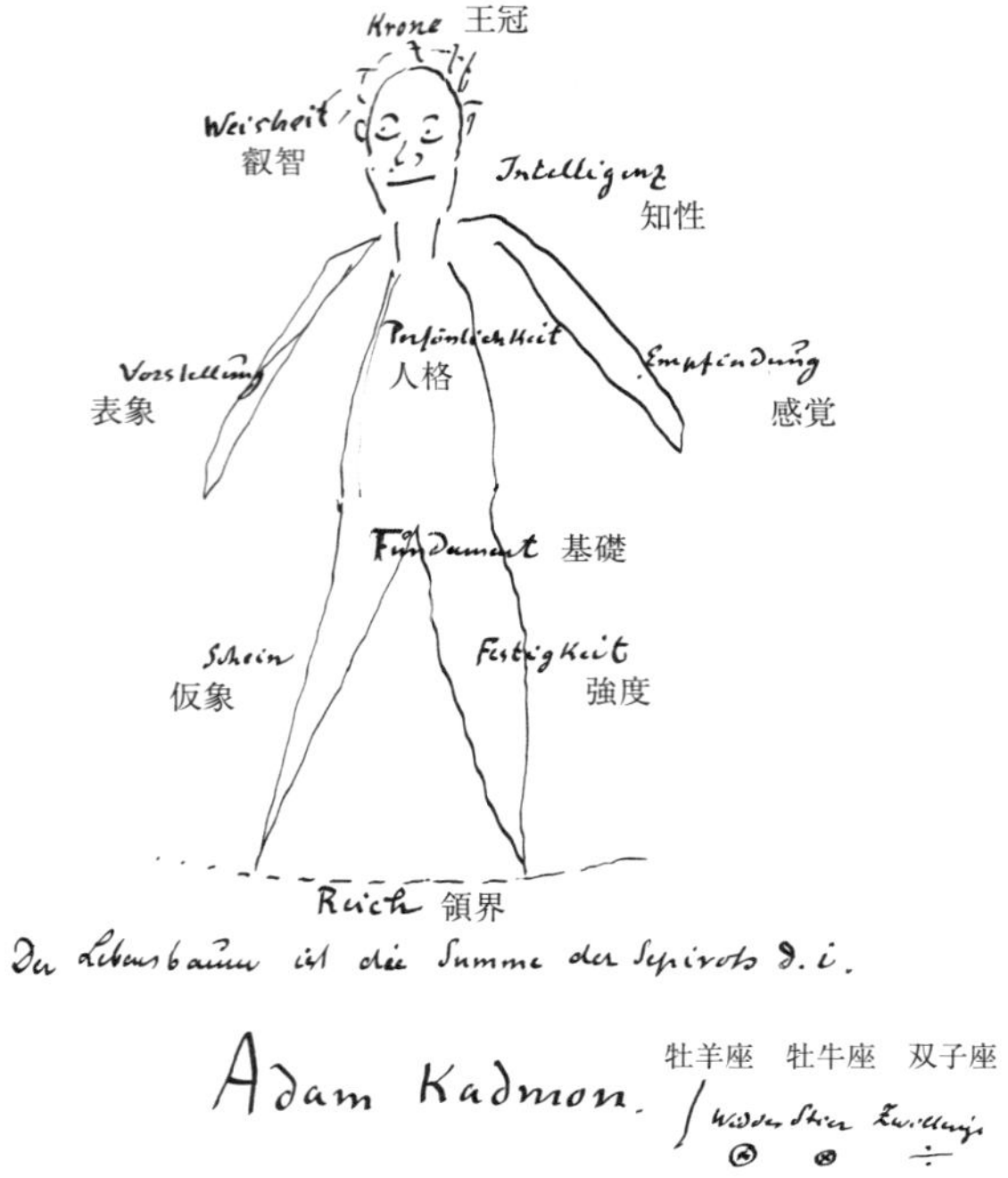

生命の樹は、セフィロートの総体、すなわち
アダム・カドモン*である。

（＊アダム・カドモン……まだ受肉していない人間の原形のこと）

◉季節を霊的に体験する

紀元前六、五、四千年紀頃の人びとは、昼と夜を生きていただけでなく、四季の推移をも生きていました。四季の体験は、後世にも残っていますが、四季の推移の体験が見事に花開いたのは、今述べた時代の東洋においてだったのです。東洋の北方においては、はるか後の時代まで、四季の霊的な体験が残っていました。例えばオラーフの歌（「オラーフ・オステゾンの夢の歌」のこと——訳者）からもそのことが感じとれます。オラーフはクリスマスが過ぎた頃、霊界を体験します。実際、このオラーフの物語は、非常に古い時代に人類最高の文明が花開いた古代東方での冬の季節体験を思い出として描いているのです。当時東洋の人たちは、後に伝統として残った季節の祭りの意味をよく理解していました。

例えばどのようにでしょうか。

人間は呼吸します。けれどもこのことを、現代人は直接体験しているというよりは、知識として知っています。息を吸うと外にある空気が内に取り込まれます。息を吐くと、また空気が外に出ます。私たちは、このことを古代人のように生きいきと体験しているのではなく、知識として知っているのです。

古代人は、人間だけが呼吸しているのではなく、地球も、別の仕方ではありますが、呼吸していることをも、体験として知っていました。人間が魂を持っているように、地球も魂を持っているのです。地球は、四季の推移に従って、魂を吸ったり、吐いたりしています。そしてクリスマスのある冬の季節が来ますと、地球は最大限に魂を吸い込みます。地球の魂はすべて、地球の中に入っていきます。地球そのものが、魂のいとなみを活潑《かっぱつ》に行っているのです。ですからこの時期になると、霊的＝魂的な働きが、地球においても眼に見える形で現れるのです。

◉冬の体験

その時の地球は、自分の魂全体を自分の中に持っています。そしてその時、すべての四大霊たちが大地から出てきて、雪に覆《おお》われた樹木と共に生き、水の凍《こお》った地表で生きるのです。白く冷たい雪の装《よそお》いにつつまれる頃の地球では、霊的存在たちが活潑に働いているのです。古代人は冬になると、地球のこの魂を吸った状態を体験していたのです。農夫が大地に種を播《ま》くと、種は冬を越し、春に花を咲かせます。けれども四大の霊たちが播かれたその種の霊的な力を、冬を越して春まで担《にな》っていかなかったら、そうはならなかったでしょう。地球が自分の魂を全部吸い込む冬のクリスマスの季節に、霊的本性たち、自然霊たちは、もっとも目覚めているのです。ですからイエスは、地球が魂を自分の内にすべて取り込むクリスマスの季節に生まれたのです。とはいえ、イエス・キリストの時代になると、冬の地球におけるこの霊的＝魂的な働きを理解していたのは、ごく限られた人たちだけになりました。

◉夏の体験

前六、五、四千年紀の人たちは、クリスマスの季節の対極が盛夏の季節、六月末のヨハネの季節であることを知っていました。その時期の地球は、魂をすっかり外に吐《は》き出しています。地球は自分の魂を地球外の宇宙にすっかり委《ゆだ》ねているのです。クリスマスの季節からヨハネの季節まで、地球の魂が広大な宇宙空間に吐き出されるのを、当時の人は知っていたのです。地球の魂は星々へ向かっていきます。地球の魂は星々のいとなみに親しもうとします。地球の魂は自分のやり方で、夏の太陽の光を通して、ヨハネの季節の星々の動きと深く結びつくのです。紀元前数千年紀の古代人はこのことを知覚し、認識していたのです。そしてこの認識から、太陽の秘儀が生じました。

特に北方で盛んだった太陽の秘儀、ヨハネの秘儀、盛夏の秘儀における秘儀参入者の弟子たちは、師の指導に従って、地球の魂を遠い星々の世界にまで辿《たど》り、どんな霊的諸事実が地球と結びついているのかを、星々から読みとろうとしました。

◉復活祭の日の決め方

クリスマスの季節からヨハネの季節までの間に、地球の魂は星々の世界に去っていったのですが、星々へ向かう地球の魂の働きの余韻《よいん》、とはいえ伝統化した余韻が、復活祭の気分として今も存在しています。復活祭は春分の日のあとの満月に続く日曜日と決められています。つまりこの基準は星に従って決められているのです。なぜなら古代人にとっての人間の魂は、星々へ向かう地球の魂に従い、そして星の叡智《えいち》によって自分を律しようとしていたのですから。この春の祭り、復活祭は、なんらかの地上の基準に従ってではなく、天上の基準、星の基準に従って定められたのです。

このようにして、毎年春が来ると、古代人のような宇宙認識が持てなくても、この認識への憧《あこが》れからでも、人びとは悲しみの感情に襲《おそ》われました。この感情は紀元前八世紀から紀元後四世紀までの一二〇〇年間、文明化された地域の民衆の心情の中に強く生きていました。人びとは春になると、人類の運命、人類の宇宙的な運命に思いを寄せて、悲しみに沈んだのです。なぜなら地球の魂が春に星々の世界へ行くとき、その魂について行こうという憧れがまだ存在していたからです。肉体に深く結びついた現在の人間の魂は、もはやそのような憧れの感情を持っていません。古代人のあの星への憧れが、現代人の心におのずと生じることは、もはやなくなりました。しかしその一方で、キリストの死と復活を祝う復活祭がまさに春の祭りとして祝われているのです。

◉地上の時間と天上の時間

実際、イエス・キリストの死が春に生じたことによって、神的本性と人びととの出会いが可能となっているのです。祭りの日を地上の基準で決めることはできません。そのことは、復活祭がよく示しています。クリスマスの祝日は地上の基準に従っています。なぜならその時は地球の魂がまったく地球に留《とど》まっているのですから。クリスマスの祝日は、特定の日と決められていますが、復活祭の根底には、別の事情がひそんでいます。復活祭は地上の基準ではなく、天上の基準に従って決められなければなりません。毎年特定の日と決めるのではなく、毎年星の位置に従ってその都度《つど》決めなければなりません。

事実地上で何事かが特定されるとき、たとえ私たちがどれほど精密な機械で測定し、特定したとしても、天上から見れば、常に数日の誤差が生じるのです。なぜなら天上の時間は地上の時間とは違った仕方で経過するからです。

私たちは地上の時間をできるだけ均等に経過させようとします。しかし天上の時間は、それ自身生きていますから、経過が速かったり、遅かったりします。地上の時間は、私たち自身が死んだものにし、均等に経過させているのですが、天上の時間は生きており、均等には経過しません。

しかし復活祭の日を決めるときには、天上の時間に従い、星位に従って決めたいという願いが今でも存在しています。もちろん地上の事情に従えば、キリストの死は決まった日に生じたに違いありませんし、その立場に立てば、毎年決まった日に祝おうとするでしょう。

しかし私たちはそうしません。春には地上の時間ではなく、天上の時間に従おうと思います。復活祭の日をこのように決めるのは、深い叡智《えいち》によるのです。しかし近代は違った考え方をします。皆さん、私は二十四年ほど前に、毎週非常によく知られた天文学者と一緒に過しました（ヴィルヘルム・フェルスターのこと――訳者）。私たちは同じ小さなサークルに属していました。この天文学者は、復活祭が毎年違った日になるとしたら、地上のすべての会計帳簿が不確かなものになる、と考えました。彼によれば、復活祭は少なくとも、四月の第一日曜日に決めなければならないのです。いずれにせよ、抽象的な決め方をしようというのです。ご存知の通り、今でも復活祭を抽象的に決めようという運動が存在します。現在の人びとが生活上もっとも頼りにしている会計帳簿の日付けを確かなものにしたいのです。ところが毎年、復活祭は何日かずれます。抽象的に決まった日を選べば、秩序が回復します。これは霊的なものに従って決めるのを完全にやめようとする意志のあらわれです。こういう事柄《ことがら》の中に、私たちがどれくらい唯物《ゆいぶつ》主義者になっているか、どれくらい霊的なものを追放しようとしているかが、何よりもはっきり示されています。

けれども古代人が春に向かって地球の魂につき従い、ヨハネの季節に向かって宇宙の彼方《かなた》へ行こうとするとき、毎年、このことを通して高次のヒエラルキアの霊的本性たちにつき従い、そして更には、すでにこの世を去った死者たちの魂につき従うことを学んだのです。四季を体験するとは、そういうことだったのです。

古代の人びとは、四季を体験することによって、死者たちの魂につき従い、死者たちがどうなっていくのかを見守ることを学びました。そしてこう感じました。――春は人びとに最初の花をもたらすだけではなく、死者たちがどうなっていくのかを見守る可能性をも与えるのだ、と。

◉現代人の季節感覚

四季の体験は、霊的な体験とまったく生まなましい形で結びついていましたが、この体験が地上の人類の発展を通して変化してしまいました。現代の人は、もはや四季を霊的に体験できません。なぜでしょうか。ひとつの単純な考察がその理由を教えてくれます。

古代の人びとは星々に従って地上の出来事も判断しましたが、人間はそのような依存状態から脱け出たのです。考えてみて下さい。私たちが今ヨハネの季節にいて、地球の魂が星々と結びつく経過を辿《たど》ることができたとします。そうしたら地球の反対側に住んでいる人たちは、その時クリスマスの季節を迎えているのですから、地球の魂は、地球の反対側では地球の中に戻っていることになります。このことをどう理解したらいいのでしょうか。

古代の霊的な時代の人びとは地球の反対側の人びとのことなど知らずにいました。地球を円盤のように考えていたのですから、地球が球体をなし、反対側にも人が住んでいるとは思わずにすんだのです。

実際、人類は意識を進化させてきました。そして地球に対する関係全体も、人びとが地球を球状と見なすようになったことで、すっかり変わってしまったのです。そして今、この北ヨーロッパの地で、地球の魂が星々のところへ出ていくとき、霊視者の眼で見ると、その一方でその地球の魂は、彗星《すいせい》のように尾を延ばして地球の中に戻っているのです。そしてそれが南半球でのクリスマスなのです。そして逆に、この地方で地球の魂が地球に戻ってくるとき、南半球では魂の一方が宇宙の彼方へ延びているのです。このことが同時に生じているのです。

地球を円球状に考えるようになったとき、それと同時に人びとは、四季の推移から独立するようになりました。自分の地域だけで生活している人びとにとっての四季は、絶対的なものでした。平気で世界中を旅行できるようになった現在、別の地方へ行くごとに、別の四季を体験しています。ですからかつてのように、四季の祭りに深く内的に関わるきっかけがつかめなくなりました。こんにちの祭りには、具体的なものよりも抽象的なものの方がはるかに多く含まれています。伝統的に人びとはクリスマスになると贈りものをします。そして数日の間学校が休みになるのを喜びます。復活祭にも伝統的にいろいろな行事があります。しかしこんにちの人びとは、四季のどこに霊界を具体的に感じとれるのでしょうか。

四季の推移を十分に実感できなくなったのです。本来なら私たちは、空腹やのどのかわきを感じるときのように、直接地球の魂の呼吸を体験できたはずなのですが、実際はその反対なのです。人間は個人として自我存在という自由な存在になっただけでなく、地球そのものも、宇宙空間から解き放たれて、独自の存在になったのです。地球そのものが宇宙空間と密接な関係を持たなくなったのです。少なくとも人間にとって、古代におけるような関係は失われてしまったのです。ですから人間は、外に見出せなくなったものを、ますます自分の内部に求めるようになりました。学問もその傾向に手をかしています。そこで少し学問上の事柄《ことがら》にも触《ふ》れておきたいのです。そういうことには興味を持たない人もいるでしょうが、今回のテーマに直接結びついている事柄なのです。

◉科学が教えるもの

人類が知的になるにつれて、自然科学が発達するようになりました。この科学は人間以外の事柄のすべてを扱います。物理や化学に限らず、生命科学である生物学にもそれが言えます。生物学は下等動物、高等動物から最高の動物まで研究対象にしています。動物の形態についての賞讃すべき研究もなされています。ですから、個々の動物形態がどのように進化を遂《と》げてきたかについてイメージを持つことができます。

こうして人間の形態は動物の形態から進化してきたのだという、ダーウィン＝ヘッケル的な考え方が生じました。とはいえ、人間はこのような仕方では、自分の本質についてごくわずかなことしか知り得ません。人間は一連の動物進化の最終地点にすぎないのです。動物は最下等動物から最高等動物まで進化し、最後に人間にいたったのです。人間は人間としての自分をではなく、最高の動物としての自分を学ぶのです。これは科学の偉大な成果なのですが、その成果には正しい向き合い方をしなければなりません。科学は私たちに、人間ではない事柄しか教えることができないのです。人間の本質をではなく、人間でない事柄を人間を通して研究するのが科学なのです。そのことが分かったとき、科学の本質が明らかになるでしょう。動物界、植物界におけるすべての形態に関する研究に触れることができたとき、私たちはこう言うでしょう。――「外にはすべての動物形態がある。われわれは、そのすべてを自分のものにしないで、外に残しておかなければならなかった。なぜなら、もしわれわれの中にそれらの形態があったなら、われわれは人間ではなかったであろうから」。

自然科学は私たちが自分の内部で克服しなければならなかった事柄について教えるのです。私たちは自然の諸形態を一つひとつ脱ぎ捨てることによって、そして自然をではなく、魂的＝霊的なものを内部に取り入れることによって進化してきたのです。

科学に対しては、こう言えなければなりません。

――「あなたはすばらしい。人間でないものなら、何でも教えてくれるのだから」。

人間を知ろうと思ったら、科学以外のところで人間を探求しなければならないのです。しかし私が本当に科学的であろうとするのなら、人間を動物界の頂点に位置づけるのではなく、人間は動物の諸形態を脱ぎ捨てて、あとに残してしまわなければならなかった、というところから動物を理解するのでなければなりません。そうすれば科学に対して正しい立場に立てるのです。

◉霊学が教えるもの

人間は自分を外から観察するのではなく、内から、魂的＝霊的なものから認識できなければならないのです。――「こんにちの科学は人間の本質について正しい情報を伝えてくれない。人間でないものについての情報しか伝えてくれない」。

私たちがそう思えたとき、霊学がなぜ必要なのかが分かってきます。霊学は人間を認識する可能性を提供しようとします。しかも動物界の進化の終止符としての人間の外姿を探求するだけではないのです。

自然科学を正しく理解し、自然科学の基盤の上に正しく立つこと、まさにこのことが自然科学を完全に肯定しつつ、しかも人間認識を他の道で求めることをも可能にしてくれるのです。地上生活の中で人間を霊的に観察すること、人智学はこのことを可能にしようとしています。このことを教育問題に例をとって説明してみましょう。

◉霊学からの教育

唯物的な時代精神の影響の下で、私たちの学校教育の場においても、身体中心の考え方がますます強まってきました。ですから記憶についても、意志や思考についても実験が試みられています。私はそれに反対するつもりはありません。科学にとっては、まったく興味深い試みです。ただ教育をその立場から実践しようとするのであれば、ひどい結果をまねくことになるでしょう。なぜなら、子どもの心を知るために実験に頼るということは、私たちが人間の本性をまったく理解していないということの証明に他《ほか》ならないのですから。

子どもと内的な結びつきが持てるなら、実験などする必要はありません。もう一度強調しておけば、私は実験心理学の意味を無条件に認めるつもりですが、子どもとの内的なつながりなしに、子どもの心を知ろうとして子どもを実験対象にするとしたら、私たちは人間から疎外されている、としか言いようがありません。そもそも実験心理学を教育の基礎にすることはできないのです。

人間本性を知るには、霊的＝魂的なアプローチが必要なのです。例えば、九歳、一〇歳の頃にあまりに記憶力を要求しすぎたり、逆に記憶力をあまりに働かせなかったりするとします。記憶力に負担をかけてはならない、という主張は、記憶力を働かせないようにすることになりかねません。記憶力を求めすぎたり、求めなさすぎたりしないで、中庸《ちゅうよう》の道を見つけなければなりません。教育者が九歳児、一〇歳児の記憶に負担をかけすぎたとします。その結果、三〇歳か四〇歳になったとき、またはもっとあとになって、その人はリューマチか糖尿病になってしまいます。九歳、一〇歳の頃、記憶力に負担をかけすぎますと、子どものときのその負担があとになって、正しくない代謝活動を生じさせ、余分な成分を沈澱《ちんでん》させる結果になるからです。実験によっては、人生におけるこのような関連を見通すことができません。

その一方で子どもの記憶力を求めなさすぎると、後年になってあらゆる種類の炎症性疾患への傾向を生じさせます。或る時期での身体状態は以前の時期の魂的＝霊的状態の結果なのです。こういう洞察はとても大事なことです。

…………（中略）…………

私たちは社会生活全体の中に霊的な働きを取り込む必要を、真にキリスト的な意味で、理解できなければなりません。現在の私たちの間にも生きている霊性の働きに、私たちが内部から達することができなければなりません。そしてそのためには内なる霊性を人間関係の中に生かす機会を持たなければなりません。けれどもこういう霊的な成果は、決して一日では達成できません。

◉春の「死——復活」

復活祭のことを考えてみて下さい。復活祭を通してイエス・キリストは、人類の進化のために恩寵《おんちょう》を与えました。死の謎が特別強く人びとの心をとらえた時代に、不死なる存在としてみずからを現し、不死なる人間、死を通して復活を見出した人間という手本を人びとに示したのです。そしてこのことは古代の伝統からも理解できます。

古代人は生まれる前の生活を理解していました。死を地上において見、復活をイエス・キリストに見ようとしました。しかしイエス・キリストは復活祭のあとに、聖霊降臨の秘密をも示しました。イエス・キリストは人びとに聖霊を送り、それによって人びとがみずからの力でキリストを体験できることを示したのです。そして人びとはこの体験を、地上の経過とは逆の道を辿《たど》るときにのみ持つのです。すなわち、はじめに復活を体験し、その体験された復活のあとで、正しい仕方で肉体の死を遂《と》げることができたときにです。つまり、あらかじめ内的に魂を復活させることによってです。

誕生から死までの間に、私たちはゴルゴタの秘蹟《ひせき》と深く結びつきます。それによって魂は、高次の生き方ができるようになります。そしてそれによって魂は霊的な意味での復活を遂《と》げ、そしてこう実感します。――「私は復活した者として、地上の死の門を通っていく」と。

人間が自分の不死性を忘れないように、神々が人間のために配慮してくれたのです。そのことが、復活祭での「死――復活」という順序で人びとの前に示されているのです。

◉秋の「復活――死」

しかし今、私たちはこう考えてみようと思います。――私たちが春、若い植物が芽生《めば》え、葉をひろげ、花を咲かせ、木々が緑につつまれ、自然全体が生きいきと、活動的になっていくのを私たちが感じとるように、私たちが霊的にも同じように感じとることができたとします。私たちが真夏の盛りを通過し、ふたたび秋になって、自然が死んでいき、外の物質界が葉を褐色《かっしょく》に染《そ》め、花を枯《か》らし、保存した果実を乾燥させるのを霊的に生きいきと感じとったとします。そして私たちが自然のこの野辺《のべ》送りの中で、まさに霊性が花開くのを感じとるだけでなく、その霊性と共に生きたとします。更に、霊性が真冬に、クリスマスの季節に、地上ともっとも強い結びつきを持ったとします。そして私たち人間が春の復活祭のときと同じように、秋のおとずれを祝《いわ》うことができたとします。復活祭のときの埋葬と死と復活と同じように、自然の埋葬に際しての魂の復活を祝うことができ、それによって地上の埋葬《まいそう》、地上の死に対抗できたとします。私たちが秋に自然とは逆の「復活——死」という経過を感じとることができたとします。私たちが秋分の日と春分の日との関係と同じような仕方で、春の復活祭に対する秋の祭りを魂をこめて作ることができたとします。そうできたなら、そのとき私たちは、こんにちの精神からでも、ひとつの祭日を用意する力を獲得することができたでしょう。

今私たちにとって大切なのは、祭りの内実を意識の中で消さないようにすることです。復活祭の日がなぜ春分の日のあとの満月に続く日曜日でなければいけないのか、私たちには分からなくなっています。しかし「私たちは前から復活祭を祝ってきたが、これからは四月の第一日曜日を復活祭に当てよう」と、安易に言うことは許されません。「人間は宇宙と結びつかなければならない」と、ふたたび感じるようにならなければならないのです。私たちが日の出と日の入りを体験するように、復活祭には「死——復活」を、秋には「復活——死」を、死んでいく自然の中での人間の復活を、体験する必要があるのです。

◉大天使ミカエルとその祭り

これまでもこの地でお話ししてきたように、私たちが霊界のひとつの現実を魂の前に呼び出すとき、四季の推移を霊的＝魂的な根底から正しい仕方で感じとれるようになるでしょう。

その現実とは、旧約聖書におけるヤハウェもしくはエホヴァに関わることです。霊界の秘密に通じている人たちは、こう言います。――「ヤハウェは背後に立っている。しかし地上でヤハウェの行為を代行するのは、大天使ミカエルである」。

さて、すでに繰り返してお話ししてきたように、一九世紀最後の三分の一の時期に、大天使ミカエルと呼ばれる霊的本性が、その活動を活潑に展開するようになりました。いわば大天使ミカエルは一九世紀七〇年代から地球圏内で活動しているのです。

人間の魂は、春になると、宇宙へ赴こうとする地球の魂について行こうとします。しかしそうすることができません。人間の魂は、自由の感情と自我意識を発達させたので、天上の高みでは気を失ってしまうのです。しかし秋になると、ミカエルが降りてきて、キリストの代理として人間に協力してくれるのです。そのことを、人間の魂は、感じとるのです。

葉が褐色に枯れて、落葉になり、自然が死へ向かっていく秋の自然に、ミカエルが、現在の人間の魂ではもはや手のとどかない天上の高みから降りてきて、キリストの代行者となり、秋の気分を通して、人間に協力してくれるのです。

ですから私たちは自分の意志から、霊的意識から、この季節のための祭りを祝いたいと思うのです。カレンダーにはそれを暗示しているかのように、「九月末、ミカエル祭」と記されています。正しく理解するなら、それはこういう意味なのです。――「人間よ、もっと祭日を設け、上昇の祭りである復活祭に、下降の祭りである九月末のミカエル祭を対置させなさい」。

実際、こうして霊界から祝祭的な気分を日常生活の中に持ち込むことができたなら、この日常生活にとって、非常に大きな意味を持つことになります。けれども唯物的な意識の持ち主なら、きっとこう言うだけでしょう。――「どこかの信者たちが、秋のミカエル祭を認めさせようとしている」。

けれども社会の進歩、社会の調和にとって、この決意は、世界中から聞こえてくるどんな社会的宣伝活動よりももっと力強く現実に働きかけてくれるのです。誕生から死にいたる間、人びとが魂の目覚めを求めていることの証《あかし》として、秋祭りを始めようとするこの決意は、です。私たちの肉体の死は、魂の復活のあとに続くべきなのです。物質世界の中で霊性を求めること、そのことこそが、今大事なのではないでしょうか。

訳者あとがき

高橋　巖

一九一二年の復活祭に『カレンダー一九一二―一三年』として発表された本書『魂のこよみ』は、そのときの「初版のまえがき」にも述べられているように、時の推移の中に生きる人間の、自己認識へと到る一つの道として作られた。

生々流転《せいせいるてん》の中に生きる人間が、自分であるということの意味を深く把握するためには、直線的に過去から未来へと向かって流れていく時間の中で、この自分を、現れては消え去る存在として自覚するのではなく、人生の経過を周期として捉えることができなければならない。そしてシュタイナーが本書の中で、さまざまにイメージを喚起しているように、人生の周期が宇宙の生命の周期に対応している、ということを実感できなければならない。

本書はその意味での一年の周期を、人生における外から内への、そしてふたたび内から外への、周期として描いている。

一年を52週に分け、第1週から第26週までの前半は、外との結びつきを司《つかさど》る感覚的知覚が、第27週から第52週までの後半は、内面世界の方向づけを司る思考と意志が、それぞれ主役を演じている。感情は、その全体の流れを押し進めるエネルギーである。

以下にその一年の流れを、この『こよみ』に従って辿《たど》っておこう。

◉春（第1―第9週）

春になると、魂は明るく輝きをましていく世界に、すべての感覚を開いて自分を融け込ませようとする。そのとき魂は、喜びの心をもって、自分がせまい個我の呪縛《じゅばく》から解放されたと感じる。

魂が自分を見失いそうになると、無力な思考の代わりに、予感を求める。予感と夢の中に神の働きを感じ、おのれを棄てよ、と命じる予感に従おうとする。

◉夏（第10週―第22週）

宇宙に帰依《きえ》する魂を、或る神的存在が感じとる。そのことを確信して、万象の美の中で、新たな自分探しが始まる。

宇宙思考がそれに協力する。自分であるということの意味が新たに自覚される。自分と宇宙との親和関係がますます実感できるようになると、未知の力が自分の中に育つのが分かる。その未知の力は、遠い宇宙からの光だったが、今、それが魂の光となって現れてくる。

◉秋（第23週―第34週）

感覚の興奮がしずまる。宇宙生命は創造することで自己を確認するのだが、その確認作業が、私の内部でも始まる。その作業が今、新たな意志となって働き始める。「ミカエルの情景」では、人間意志が大自然の母なる生命《いのち》を担っていることが称《たた》えられている。その生命が人間の生きる意志を育て、魂の熱い力となる。そして内部が拡がり、心の太陽から思想が光となって放射される。この季節の情景には、秋の平静と冬の希望が現れている。

霊が目覚める秋から、魂の夏をもたらす冬までの間に、意志が創造の力となり、事業を達成しようとする衝動にまで高まる。意志がこの世を生きようとひたすら願う。

◉冬（第35週―第48週）

人間はますます、自分は自分である、ということの意味を理解するようになる。自分の存在の深みの中から、宇宙の言葉がひびいてくる。

「聖夜の情景」では、その宇宙の言葉が子なる霊となって、希望の声を宇宙にひびかせる。希望の声が、人間に自己感情を目覚めさせる。主観が客観に貫かれる。宇宙の言葉が魂の創造力となって、愛と仕事を実現するように促す。心情も万象も、実在の確かさを獲得する。

ふたたび感覚的知覚の世界が人間の魂を刺戟して、さまざまな課題を与える。思考の力が強まり、感覚的知覚との結びつきを深める。思い出の力が意志の力を支え、神の力が思考の働きを活溌にする。魂の謎が人の心の中に愛を目覚めさせる。

◉再び春へ（第49週―第52週）

宇宙の暗夜に宇宙の生きる意志を感じ、近づきつつある新たな宇宙の日を想う。宇宙意志が人間自我に自分の願いを託する。その委託が今ふたたび、感覚の豊かさとなって体験される。

美が空間の拡がりから現れ、生命の力が天空の彼方《かなた》から人体に浸透する。霊の本質と人間の存在とがひとつになる。

以上、『魂のこよみ』の一年を大雑把に辿《たど》ってみたが、あらためて、この「こよみ」の構成の見事さに驚かされる。言葉のひびきが、一年の循環の中で、見事にそれぞれ対極を形作っている。

第1週は第52週に、第2週は第51週に、第3週は第50週に対応し、そのようにして、第26週と第27週にいたる。例えば第1週の冒頭の句は「太陽が宇宙の彼方から」であり、第52週では「霊が魂の深みから」となっている。第2週は「思想の力が果てしない」であり、第51週では「感覚の豊かさが果てしない」になり、第15週は「私は魔法にかけられたかのように」であり、聖夜の情景を示す第38週では「私は魔法を解かれたかのように」になっている。

つまり復活祭の情景とミカエル祭の情景を軸として、左右が対極になっており、第14週―第15週と第38週（聖夜の情景）―第39週の頃にその対極の度合がもっとも高まっている。

附録として加えた講演『四季とその祭り』（一九二三年）は、シュタイナーが、この『魂のこよみ』の精神とでも言うべきものを率直に語った貴重な資料として、またシュタイナー自身による本書の解説の意味もあって、紹介させていただいた。

第1週を何月何日から始めたらいいか、という問いに対して、シュタイナーは特に明言はしなかったが、その理由も、この講演録を読めば、理解できるように思う。と言うのも、北半球と南半球では当然季節は異なるし、緯度によっても季節感は異なるが、『魂のこよみ』は、そうした事実を踏まえた上で、復活祭の日から第一週が始まるよう、全体が構成されているのだから（次ページ編集部註参照）。

旧版の『魂のこよみ』では、各週の日付けを何月何日から何月何日までと、括弧に入れて明示していたが、今回の版では、こうしたシュタイナーの意図に留意して、あえて省略させていただいた。

また、春夏秋冬の設定も、ドイツ語版を踏襲《とうしゅう》せず、日本で読まれることを考慮して変更してある。ただし、各週の配列は原書通りであり、各週をどの月に当てるかは、シュタイナーの意図に従っている。

『魂のこよみ』は、はじめ一九八五年、イザラ書房から出版されたが、今回全面的に訳し直して、新訳の文庫本として世に問うことができるようになった。

このような機会を与え、美しい本にまとめてくれた筑摩書房の戸田浩さんと岩川哲司さんに感謝している。

二〇〇四年一〇月二日　町田にて

高橋　巖

編集部註：読者のご参考までに、二〇二〇年までの復活祭の日を次に掲げておきます。ただし、ここに掲載したのは、カトリックの場合の日程です。ギリシア正教やプロテスタント各派では、しばしば異なりますので、その点ご留意下さい。カトリックでは、春分の日を三月二一日に固定して計算しています。なお、復活祭の日の決め方は、『四季とその祭り』（134ページ）の中で、シュタイナー自身が述べている通りです。

復活祭の日	
2005年	3月27日
2006年	4月16日
2007年	4月 8 日
2008年	3月23日
2009年	4月12日
2010年	4月 4 日
2011年	4月24日
2012年	4月 8 日
2013年	3月31日
2014年	4月20日
2015年	4月 5 日
2016年	3月27日
2017年	4月16日
2018年	4月 1 日
2019年	4月21日
2020年	4月12日

ルドルフ・シュタイナー　Rudolf Steiner　1861-1925

ドイツの思想家。旧ハプスブルク帝国領の辺境クラリエヴェクに1861年2月27日、生まれる。ウィーン工科大学卒業後、ワイマール版ゲーテ全集の編纂に参画。特にその自然科学論と認識論の研究に携わった。その一方でニーチェにも深い関心を寄せ、後に『ニーチェ――時代と闘う者』を著す。文芸雑誌の編集長を務めるなどして、アカデミズムの世界を離れたのち、40歳を過ぎる頃ブラヴァツキーの創設になる神智学協会に参加。1902年、同ドイツ支部事務総長に就任すると、その後生涯にわたって続くことになる活発な講演活動が始まった（その講演は、生涯5000回とも6000回とも言われ、多くの講演録が遺されることになる。作家カフカ、画家カンディンスキー、モンドリアンなど、著名人の聴講者も多い)。10年後の1912年、神智学協会を離れる頃には、自らの思想を「人智学」（Anthroposophie）として樹立。その根底には、神秘思想家としての独自の人間観、宇宙観、歴史観、宗教観が横たわっている。晩年、スイス・バーゼル近郊のドルナハに、劇場「ゲーテアヌム」と一連の附属建築群を建設して、ここを人智学運動の実践拠点とした。実践活動の領域は広く、日本でも実践されるようになった教育のほか、美術、音楽、舞踊、さらには医学や建築、農業にまでも及ぶ。ナチスの弾圧が迫るなか、1925年3月30日、同地に没した。

ちくま文庫

魂《たましい》のこよみ

二〇〇四年十二月十日　第一刷発行
二〇二三年四月二十日　第六刷発行

著者　ルドルフ・シュタイナー
訳者　高橋巖（たかはし・いわお）
発行者　喜入冬子
発行所　株式会社　筑摩書房
東京都台東区蔵前二―五―三　〒一一一―八七五五
電話番号　〇三―五六八七―二六〇一（代表）
装幀者　安野光雅
印刷所　明和印刷株式会社
製本所　株式会社積信堂

ISBN978-4-480-42037-4 C0110